ÉLOGE

DE FEU

ANNIBAL-JOSEPH-NICOLAS JOURDAN,

GÉOMÈTRE EN CHEF DU CADASTRE AU DÉPARTEMENT DE L'AUBE,
CONSEILLER MUNICIPAL DE LA VILLE DE TROYES,
MEMBRE DE PLUSIEURS SOCIÉTÉS SAVANTES ET DE BIENFAISANCE ;

Par Gustave **NEVEU-LEMAIRE**, Avocat.

DISCOURS

QUI A REMPORTÉ LE PRIX PROPOSÉ EN 1835 PAR L'ANCIENNE
SOCIÉTÉ DES LETTRES, SCIENCES ET ARTS DE TROYES ;

Lu sur la tombe de M. JOURDAN, le 13 Mars 1836, jour anniversaire
de son décès.

TROYES,

IMPRIMERIE D'ANNER-ANDRÉ,
PLACE DE L'HÔTEL-DE-VILLE, N° 5.

1836.

ÉLOGE

DE FEU

ANNIBAL-JOSEPH-NICOLAS

JOURDAN.

> Multis ille bonis flebilis occidit,
> Nulli flebilior quàm vobis.
> HORACE.

Depuis qu'il y a des hommes puissans sur la terre, depuis que l'adresse a su vaincre la force et l'enchaîner à ses pieds, que l'ardente passion de commander a fondé l'élévation du petit nombre sur la servitude des masses, les grands n'eurent plus que la peine de naître pour être loués, vertueux ou coupables, utiles ou inutiles, n'importe ! Leur orgueil ombrageux ne souffrit la vérité qu'à l'aide du mensonge, la flatterie sacrifia tout à l'intérêt, la renommée se vendit à prix d'or, et ceux qui la dispensent furent assez lâches, assez vils pour faire un trafic de leur parole, et une marchandise de leur conscience ! Mais aujourd'hui que les esprits éclairés réduisent tout à sa juste valeur, aujourd'hui que chacun a sa foi, son ame, son sentiment, que la parole a la même liberté que l'opinion, que l'on perce enfin à travers les dignités pour arriver jusqu'à l'homme, il y a des hymnes pour tous les mérites, des éloges pour toutes les gloires.

Les unes, fondées sur les ruines, sur le deuil et les larmes, saisissent dès l'abord, frappent l'imagination, la subjuguent ; elles font du fracas à leur passage, s'avancent escortées de la haine et des lamentations des peuples, et n'épargnent même pas les monumens de leur triomphe : telle est la gloire des armes.

D'autres, amies du repos et du recueillement, s'élaborent dans l'ombre pour éclairer les siècles à venir : c'est la gloire de l'artiste, qui se montre sous mille faces, revêt mille couleurs, se fait poème ou statue entre les mains d'Homère ou de Phidias, et lègue à l'univers ces fresques admirables que le génie d'un homme a peintes pour un Dieu !

C'est la gloire des bienfaiteurs de l'humanité, qui, méditant dans le silence et occupés à penser sur ce globe que bouleversent nos passions turbulentes, font servir leurs connaissances particulières au perfectionnement général, forcent la vérité dans ses retranchemens, et déchirent d'une main hardie le voile qui la dérobe aux yeux du vulgaire : gloires éternelles qui commandez l'admiration et le respect de tous les âges, gloires de civilisation et de paix, le monde retentit de vos louanges; on vous a chantées sur tous les modes et dans toutes les langues. A quoi bon un chant de plus en votre honneur?

Ce qu'il faut célébrer, c'est la gloire modeste qui n'a ni l'éclat d'une conquête, ni les séductions des beaux-arts, ni la grandeur d'une découverte; c'est la gloire qui marche humblement dans la voie des choses simples, utiles et pratiques, qui travaille sans relâche au développement moral du genre humain, et vient à pas lents apporter sa pierre à l'édifice social. Ce qu'il faut célébrer, c'est l'homme qui, sans autre autorité que celle de sa vertu, s'occupe sur la terre à faire tout le bien qu'il peut, agrandit la raison universelle, et contribue au bonheur public par son zèle et ses lumières. Il est l'ami de tous les hommes, le père de tous les enfans, le citoyen de tous les pays. Si ses restes inanimés dorment sous ce marbre, son nom est dans toutes les bouches; son souvenir vit dans toutes les ames, car il est inséparable de ses bienfaits.

Hélas! que ne puis-je laisser couler de mes lèvres persuasives la douce parole de Fénélon! je rendrais la vie à ces froides dépouilles; j'évoquerais devant vous le modèle de la vraie philosophie; je vous montrerais, au milieu d'un monde sans cesse agité par de petits intérêts, la grande figure du sage,[2] impassible dans la mauvaise comme dans la bonne fortune, dédaignant le pouvoir et résigné dans les chaînes; je ressusciterais le mort pour consoler les vivans. Mais qu'est-il[3] besoin d'une si brillante éloquence? La vertu est plus modeste, elle veut un orateur modeste comme elle. L'éloge d'un honnête homme fait honneur aux hommes de bien qui l'ont proposé. Pour eux, c'est la dette sacrée de l'amitié, c'est une dette de reconnaissance pour sa nouvelle patrie. Avant de l'entreprendre, permettez-moi de me recueillir; le silence des tombeaux, ces urnes pleines de regrets et de deuil[3] m'inspirent une vénération si touchante que la voix expire sur mes lèvres. Oh! oui, je comprends bien toute l'émotion de saint Grégoire, lorsqu'avant d'adresser à son ami[4] le dernier adieu, il s'arrêta, saisi du même effroi que le chrétien qui s'approche du sanctuaire. Une terreur religieuse s'empare aussi de moi, mon cœur bat de respect et de crainte..... Mânes sacrés d'un homme vertueux, je crains de toucher à votre éloge avant d'avoir purifié ma voix et mon cœur.

Don Annibal-Joseph-Nicolas Giordano de Ottojano, d'une famille noble et ancienne, naquit le 20 décembre 1769, à Ottojano, dans la terre de Labour, principale province du royaume de Naples.

Don Michel, son père, avait étudié la médecine à Salerne. Il s'était formé à cette école célèbre, où, depuis Ægidius jusqu'à nos jours, [5] se sont rencontrés les maîtres les plus remarquables. Simple et sans faste, franc sans rudesse, convaincu que la dignité des rangs n'est rien, que la dignité de l'ame est tout, s'il avait puisé dans les sciences anatomiques la connaissance de l'homme physique, il avait étudié l'homme moral dans le monde, et savait bien que le plus précieux héritage que puisse laisser un père à son fils, est une bonne éducation. Aussi ne l'abandonne-t-il pas à des mains étrangères; il craint trop ces premières impressions, qui, une fois gravées dans le cœur de l'enfance, y restent en caractères ineffaçables, et il lui donne lui-même les premiers principes des langues italienne, grecque et latine. Les plus rapides succès passèrent son espérance. Dès sa sixième année, Annibal traduit, avec un intérêt au-dessus de son âge, la vie des Miltiade et des Alexandre. Ce n'est pas l'interprétation de Plutarque qui l'occupe, ce sont tous les principes d'honneur, toutes les maximes de probité, toutes les richesses de sentiment répandus dans ses ouvrages. Deux ans plus tard, l'histoire n'a plus de secrets pour lui. Il se saisit des objets offerts à sa méditation avec une vivacité de génie, un élan de curiosité, une profondeur de jugement qui révèlent un esprit mathématique. Il interroge la Grèce, cette terre classique de tous les arts, avec ses poètes, ses guerriers et ses philosophes; il voit Rome se débattre au milieu des orages de la liberté à qui elle doit sa grandeur; il se passionne pour les grands hommes, s'intéresse à leurs destinées, personnifie tout, la vertu dans Caton, la sagesse dans Socrate, le crime dans Anytus, et pleure à la vue du plus juste des hommes inscrivant son nom sur la fatale coquille qui doit le bannir de son ingrate patrie. Thémistocle surtout, Thémistocle est son héros. Malheureux enfant, tu prévoyais donc que les persécutions d'une reine violente t'éloigneraient aussi du sol sacré qui t'a vu naître, et que tu viendrais un jour mourir, comme lui, sur la terre étrangère !

Plutarque avait commencé son éducation, Euclide devait la terminer. Après avoir développé l'imagination de son fils, après avoir pénétré son ame encore tendre de toutes les impressions douces et généreuses, don Giordano voulut calmer les écarts de la folle du logis [6] par l'étude méthodique des sciences abstraites ; il voulut plier Annibal à ce raisonnement vif et serré qui seul donne de la justesse aux idées : il lui apprit les mathématiques. Mais à peine le génie actif de l'élève se fut-il emparé de cette science, l'arithmétique n'eut plus de mystères, la géométrie plus de profondeur. Cet instant décida de son avenir : vous l'eussiez vu s'élancer sur un compas, décrire des sphères, tracer des lignes, comparer les grandeurs, deviner la science, la raisonner, la généraliser. C'est Achille qui se jette sur les armes qu'on lui présente ; c'est l'aveugle qui voit le jour. Il marche, il court, il vole dans la carrière, supprime les intervalles que nous ne parcourons qu'en nous traînant lentement d'une idée à une autre, saisit la vérité, la dépouille, la presse, et ne l'abandonne que quand il en a exprimé tout ce qu'elle contient.

Réduit au silence par la prodigieuse pénétration de l'élève à peine dans sa dixième année, don Michel fut obligé de le conduire à Naples. L'université était alors en proie aux dissensions scientifiques. Le combat était engagé : Fergola était le chef du parti synthétique, et Colecchi défendait l'analyse. L'un voulait s'appuyer sur de solides propositions, et de conséquences en conséquences, remonter directement à la vérité ; l'autre voulait la faire jaillir de son cerveau comme une Minerve toute armée. L'un préférait les voies lentes, mais sûres ; l'autre aimait mieux se tromper avec audace. Les deux camps étaient également forts, également capables de soutenir une lutte opiniâtre par des études consciencieuses. [7] Don Michel, qui n'ignorait pas que si l'analyse est meilleure pour les découvertes, la synthèse vaut beaucoup mieux pour l'enseignement, confia son fils aux soins de l'habile Fergola. Il ne doutait pas des brillans succès d'Annibal sous un professeur célèbre et respecté, qui n'avait laissé que les souvenirs les plus nobles et les plus touchans dans le cœur de tant de générations successivement attentives à sa voix éloquente et à ses excellentes leçons. Au bout de quelques mois, à peine l'élève eut-il préparé ses armes pour le combat, qu'aspirant à l'indépendance, il s'élança dans l'arène, foudroya Colecchi, et surpassa son maître. Vénérable vieillard, ne sais-tu donc pas qu'il y a de ces intelligences supérieures qui n'ont pas besoin de préceptes, et franchissent d'un seul bond les limites de la science ! Toutes tes connaissances sont inutiles, et tu n'as plus que l'heureuse confusion de te voir dépassé de bien loin par un élève qui t'aime et rougit de son savoir devant toi !

Annibal continua donc seul l'étude des mathématiques. Dans une science où tout s'enchaîne, où tout se développe avec mesure comme une armée en bon ordre, il est bien difficile à un esprit qui a la conscience de ses ressources et le secret de sa puissance, de ne pas se livrer avec toute la fougue d'une jeunesse ardente à la recherche de ses sublimes démonstrations, sans autre guide que son instinct, sans autre maître que son talent. Telle est la marche de Jourdan, et cette marche est d'autant plus hardie qu'il n'a personne pour lui tracer sa route, pour régler son essor. Ses progrès sont si rapides qu'à seize ans il étonne le monde savant par mille ingénieux aperçus, semés dans les mémoires qu'il adresse aux académies de Naples, de Vérone et de Turin, dont il est nommé membre correspondant : récompense aussi flatteuse que méritée. A cet âge, il résout un des problèmes les plus difficiles, que citent avec éloge le savant Carnot, dans sa géométrie de position, et Poncelet, dans ses excellens ouvrages. C'est que son esprit, né pour le vrai, avait deviné qu'en se donnant à la géométrie il habiterait un monde moins sujet à l'erreur, où sa raison trouverait un aliment digne d'elle. Une force irrésistible le pousse toujours en avant : et comment s'arrêter, quand le champ est ouvert ? Son talent supérieur n'est déjà plus un problème. Lorsqu'on annonce un concours pour la chaire de mathématiques transcendantes à l'école militaire de Naples, Annibal se présente, et la place est emportée d'assaut. Un an après, il est examinateur pour l'artillerie, le génie et la marine, avec le titre de membre résidant de l'académie des sciences et belles-lettres de cette capitale : exemple frappant de ce que peut le travail dans une tête bien organisée ! Libre à ceux qui n'ont pas connu Jourdan, de s'étonner de la simplicité franche et cordiale d'un homme qui eut une force de génie assez grande pour s'instruire seul; pour vous, qui l'avez tant aimé, ce n'est qu'un titre de plus à vos regrets. Aucun air de vanité, aucun étalage de savoir, mais une douceur de mœurs toujours égale, une grande envie de servir et d'obliger, voilà les qualités qui plaisent à tout le monde et dans tous les temps, et ce sont celles qui le faisaient généralement aimer.

Aussi, dans un pays où les livres sont défendus, où le droit sacré de s'instruire est une véritable faveur, où le plus étroit despotisme exerce l'inquisition la plus odieuse pour étouffer la pensée dans son germe, lui a-t-il fallu toutes ses vertus, tout son mérite pour faire tomber devant lui la porte de quelques bibliothèques. Mais à peine le sanctuaire des beaux-arts lui est ouvert, que, foulant aux pieds les vains préjugés d'une noblesse ignorante qui aurait cru se déshonorer en apprenant, il se précipite avec une incroyable avidité sur les trésors entassés à ses yeux. Secouer la poussière de l'antiquité, s'enfermer avec les savans de tous les siècles et de tous les pays, multiplier son existence par celle de ces grands hommes, vivre avec Thalès [8] et Pythagore,[9] Euclide [10] et Platon; [11] prendre la science à son berceau, la suivre dans toutes ses phases, dans tous ses développemens, depuis sa naissance en Égypte jusqu'à nos jours; interroger les Arabes d'Espagne, remonter à Galilée, arriver à Descartes, de Descartes à Newton, les faire marcher de front, rassembler leurs connaissances éparses, en former un faisceau, s'appuyer sur elles pour s'élancer à de nouveaux principes, à des vérités inconnues, et après avoir réuni ces richesses étrangères, y joindre les siennes et les enchaîner toutes par des conséquences nécessaires et des calculs aussi sublimes que profonds : tel est l'emploi des plus belles années de Jourdan. Il eût donné tout Homère pour une vérité d'Archimède. Toujours au milieu des lignes et des sphères, il n'avait pas de meilleur ami que ses livres, de meilleur confident que ses auteurs : il ne les quittait plus; enfin tout le temps qu'il pouvait dérober à la vie civile, il le consacrait à la vie scientifique, lorsque la révolution française éclata.

Les principes de liberté qui bouleversaient la France, s'étendant partout comme un incendie, eurent bientôt enveloppé l'Europe. Les événemens se pressaient; les hommes arrachés tout-à-coup aux habitudes studieuses et retirées, se trouvaient lancés au milieu du tourbillon avec toute l'énergie des passions les plus vives. Il n'en fallait pas tant pour enflammer une imagination de vingt ans, nourrie des mâles idées de l'antiquité, et pour développer cette vigueur d'esprit, cette indépendance de caractère qui distingua toujours les savans. Convaincu que chacun devait prendre une part d'activité dans le mouvement général, Jourdan fit aussi de la propagande; mais celle-là était bien glorieuse pour lui : plein de cette noble idée de régénération sociale, plein de cette large humanité qui fait abnégation de soi-même pour ne songer qu'aux progrès d'autrui, il veut populariser l'enseignement, il veut faire pénétrer dans toutes les classes l'instruction, privilège exclusif des riches. Alors il confie ses projets à quelques amis, immole tout à sa généreuse ambition : tranquillité, fortune, avenir; publie ses élémens d'arithmétique, de géométrie et d'algèbre, les distribue libéralement, s'impose des privations pour louer une salle, et tandis qu'un de ses collègues enseigne la physique expérimentale, il donne des leçons gratuites de mathématiques : désintéressement plus beau, plus sublime mille fois, dans un pays de mollesse et d'indifférence, où chacun ne pense qu'à soi, ne vit que pour soi, que celui des vieux Romains aux plus heureux temps de la république! Il fallait voir cette multitude échelonnée sur tous les degrés d'une salle immense, l'œil avide, la bouche béante, recueillir les précieuses paroles d'un jeune professeur qui se dévouait à son instruction, sans autre récompense que sa conscience et que l'estime publique; encore n'était-il sûr que de sa conscience, car l'envie ne manque jamais au talent.

Et quel maître, en effet, répandit plus d'intérêt, de grâce, je dirai presque d'enchantement, sur ses leçons? Qui jamais sut mieux déguiser sous des fleurs brillantes les épines même de l'érudition? Le miel coulait de ses lèvres : c'était Platon au milieu de ses disciples. Solidité dans les réflexions, nouveauté dans les aperçus, finesse dans l'analyse, il avait toutes les qualités essentielles à un bon professeur; et ce qui est plus rare, il y joignait encore celles qui le rendent aimable à ceux qu'il éclaire. Au lieu de leur jeter la science à pleines mains, sans s'inquiéter si elle tomberait sur un sol ingrat ou fertile, il leur faisait sentir un désir sincère de les instruire; il descendait dans l'ame de chacun, allait chercher ses talens, éveiller ses vertus, et les encourageait plutôt par l'exemple que par les préceptes. Il ne les regardait pas comme des élèves, mais comme des fils adoptifs, comme des enfans à qui il donnait une nouvelle vie, la vie intellectuelle, la vie de l'ame, sans laquelle la vie physique n'est rien. J'en atteste cette jeunesse studieuse qui s'empressait pour l'entendre, qui courait en foule à ses leçons, comme on court à des spectacles et à des fêtes, et lui conserve dans son cœur la plus belle couronne que puisse ambitionner un maître, l'amour et le respect de ses disciples! Que l'envie nous permette au moins ces justes louanges, elle n'aura pas cette fois le triste courage de venir disputer au talent le dernier hommage de l'admiration; elle n'aura pas la force de mêler ses cris obscurs aux cris sacrés de la reconnaissance! Hélas! Jourdan ne la troublera plus; ce tombeau répond de lui désormais!

Le zèle ardent des professeurs et la fermeté de leurs opinions généreuses, le concours empressé des élèves et la fermentation de tant de jeunes têtes tourmentées du désir des innovations, avaient donné l'éveil à la cour de Naples. Acton [12] commençait à s'inquiéter des doctrines hardies, semées dans un peuple qui ouvrait enfin les yeux à la lumière, et l'entrée d'une armée française en Italie n'était pas faite pour le rassurer. Places, titres, richesses, cet indigne favori mit tout en œuvre pour attacher Annibal à la cause du gouvernement; mais la courageuse indépendance du savant sut résister à toutes les séductions. Jourdan croyait à la conscience : homme d'honneur, il était aussi éloigné de la bassesse qui se prostitue, que de la raideur inflexible qui n'écoute rien ; et, s'il haïssait le despotisme, il respectait un gouvernement sage, établi sur les lois : il était juste avant tout.

En vain une reine impérieuse eut recours à toutes les ressources de la vanité, flatta son amour-propre, descendit aux prières; il ne voulut pas s'abaisser jusqu'au pouvoir, [13] il ne voulut pas prêter son nom aux cruelles extravagances de la tyrannie. Loin d'éclairer la reine, ce noble refus ne fit qu'irriter son imprudente colère. Entourée de précipices, elle ne vit de de salut que dans le despotisme le plus exagéré. Des troubles au-dedans et des ennemis au-dehors, une sédition prête à éclater et une armée victorieuse à arrêter dans sa marche, tels étaient les obstacles qu'elle avait à vaincre, lorsque, malgré l'hiver et les vents conjurés contre lui, *Latouche-Tréville* [14] vint lui demander compte, au nom de la France, de ses préparatifs hostiles, et planter le pavillon républicain devant le palais de Ferdinand, à la face de l'Autriche et de l'Angleterre.

Attiré par la curiosité, peut-être aussi par un secret penchant pour les idées et les mœurs de cette France qui devait l'adopter un jour, Annibal suivit le torrent et descendit sur le rivage avec son frère Michel, âgé de 14 ans, et quelques amis, partisans comme lui de la régénération qui s'opérait en Europe. Charmés de l'accueil franc et loyal de ces farouches [15] républicains, il devint bientôt, par ses relations avec l'amiral, suspect à l'autorité ombrageuse d'un gouvernement, qui supposait à Latouche la mission secrète de sonder l'esprit public de la capitale. Mais, lorsqu'avec ses amis il invita Tréville et ses officiers à une partie de plaisir; hélas! faut-il parler de joie dans cette vallée de larmes, et sur un tombeau qui nous rappelle les plus vives douleurs! lorsqu'il invita l'amiral, la fureur de la reine fut au comble. Cette manifestation politique avait réveillé dans son âme le souvenir mal éteint du refus de Giordano, et l'indigne fille de Marie-Thérèse n'attendait plus que le moment de faire éclater sa vengeance trop long-temps comprimée : ce qui ne tarda pas. Sitôt que la flotte eut livré ses voiles au vent, sitôt que l'appareil imposant des forces françaises eut disparu, Acton renoua ses intrigues avec l'étranger, et punit largement les Napolitains de sa contrainte passagère, par le déchaînement de la plus folle tyrannie. Chacun tremble de lire son nom sur une table de proscription; on n'ose plus ni parler, ni se taire, le silence même a des interprètes; partout un réseau d'espions vous presse et vous environne; partout l'air corrompu de la cour répand des germes de mort. Tous les amis d'Annibal sont arrêtés, et le château dell' Uovo se referme sur deux vertueux frères, à la voix d'une ambitieuse et d'un traître qui renia son père et sa patrie! [16] C'est dans une tour bâtie sur le roc et tenant à la terre par un isthme de deux cents mètres, que ces malheureuses victimes vont expier le tort de n'avoir pas su mentir à leur conscience et refouler dans leur ame une imprudente opinion! C'est dans une forteresse éternellement battue par les flots et défendue par un chemin couvert et trois ponts-levis, que deux jeunes gens vont mourir lentement pour avoir donné une fête à un amiral!

Pardonne, ombre à jamais chérie, pardonne-moi ma sainte indignation! L'oubli de tes maux est enseveli sous cette terre avec toi, je le sais; mais quand je songe que vous étouffiez tous deux dans une étroite geôle, comme de vils criminels; que l'air et le jour, qui nous viennent de Dieu, vous étaient refusés, comme si votre souffle eût pu souiller la lumière des cieux; est-il un homme, fût-il plus dur que les rochers de votre Bastille, est-il un homme qui puisse rester de sang-froid? Que l'on invente des supplices, et l'on verra s'il en est un plus affreux que de voir ses jours à peine commencés s'user tranquillement dans le dégoût; ses membres, dans toute la vigueur de l'âge, courbés, brisés par la douleur, s'engourdir dans un indigne repos! s'il en est un plus intolérable que de se sentir pressé par quatre murailles énormes, à l'aspect de cette mer immense, incommensurable, où mille vaisseaux voguent librement : éternelle ironie de la nature qu'un tyran fait servir à sa barbarie!

Trois mois se passèrent ainsi à compter les jours et les heures, fatale habitude des malheureux qui passent le temps à l'étamine pour prolonger leur chagrin; enfin Annibal prend une résolution digne de son courage. S'éteindre lentement dans une prison, ou mourir en fuyant, le choix n'est pas douteux : il faut fuir. Cette électrique pensée se communique rapidement à l'âme de son frère; le plan est adopté. Laisser tomber des corps graves de sa fenêtre, écouter le bruit de la chute, en supputer la durée, déduire au juste la hauteur de la tour et l'estimer à deux cent quatre pieds, tout cela n'est rien pour un géomètre. Trois autres mois se passent; enfin les moyens de délivrance sont prêts, les draps tressés, la toile des matelas roulée en corde, le ressort dentelé d'une pendule arraché, et la nuit, lorsque la mer agitée peut couvrir le bruit de la lime par le fracas des vagues, les barreaux de fer tombent sous la scie : tant la liberté donne de forces, tant elle a de sublimes inspirations ! Un breuvage mêlé d'opium endort le factionnaire, mille autres ruses trompent la vigilance des gardes; Annibal descend, Michel le suit, et les voilà tous deux sur la pente du rocher, à genoux, les mains au ciel, et remerciant la providence de leur fuite miraculeuse ! O roches sacrées, gardez religieusement l'empreinte de leurs pas ; qu'aucunes de ces traces ne s'effacent, car elles en appellent à Dieu de la tyrannie de l'homme !

La mer était orageuse; mais, qu'importe, ils se précipitent dans les flots. Poussés par une vague et repoussés par l'autre, soulevés et replongés dans l'abîme, ils luttent pendant près d'une heure avec l'orage; enfin le plus jeune fait un dernier effort, il s'élance, il touche la rive, il est sauvé ! mais l'aîné, moins heureux, est arrêté par une barque ennemie. [17] Il n'avait donc brisé ses barreaux, trompé l'active surveillance de ses sentinelles, risqué sa vie dans les airs; il ne s'était soustrait aux dangers d'une mer en furie que pour retomber dans le château fort d'Aquila, au milieu des froides montagnes de l'Abruzze. O cruel jeu du sort, la mesure était comble ! C'est alors qu'il lui fallait toute la résignation qu'il avait acquise par l'habitude de souffrir ; c'est alors qu'il eut besoin de toutes les consolations de l'étude, seul charme des captifs ! Il s'occupa de stéréotomie. Ses travaux avaient toujours un but d'utilité générale, et sous les verroux il songeait encore au bien-être d'une société dont il avait été si durement retranché. La science de Philibert de l'Orme [18] lui révéla bientôt ses mystères, et déjà son esprit infatigable dictait les règles de l'art aux nouveaux constructeurs, et leur apprenait à suppléer aux énormes masses des anciens par un assemblage beaucoup plus léger, plus solide et moins dispendieux, en soutenant les pierres l'une par l'autre, sans le secours étranger du ciment. Son traité avait le double mérite d'être clair et précis, mais il ne put le publier; Naples était alors en proie à toutes les horreurs de la guerre civile et étrangère, la cour avait fui, les lazzaroni occupaient la ville, et l'armée française était à ses portes.

Le 23 janvier 1799, Championnet entre en vainqueur dans le palais du roi, et proclame une nouvelle république à l'Europe effrayée. Aquila tombe au pouvoir de Duhesme, le château fort est réduit, et le prisonnier reparaît avec le titre d'aide-de-camp du général. Quand je parlerais du feu de son enthousiasme, de son intrépidité dans les dangers, de son mépris pour la mort, je ne dirais que l'histoire de vingt mille citoyens, soldats improvisés dans ces jours de gloire et de malheur, qui dépensèrent une inutile vie sur les champs de bataille. Mais Jourdan ne se contentait pas d'être un aveugle instrument de destruction, il ne mettait pas sa gloire à massacrer ou à être massacré; il était du petit nombre des hommes qui pensent. Calme dans le tumulte, isolé dans la foule, il observe au milieu d'un camp, étudie au bruit des armes; le soldat trahit le savant. Aussi fut-il bientôt employé à Naples même, comme secrétaire général du comité de la guerre. Il se retrouvait enfin libre dans la ville où avait commencé le cours de ses disgrâces; il avait quitté le royaume des Deux-Siciles pauvre et captif, et revoyait la république parthénopéenne avec le grade de colonel. Mais la fortune lui réservait encore des revers. Le roi rentre, [19] la reine ressaisit le pouvoir, et Annibal est enveloppé par les Russes et les Anglais dans le château Nuovo. Après la plus énergique résistance, il cède à la force, capitule honorablement, et s'embarque sur un bâtiment parlementaire. Imprudent! il ne sait donc pas que la bonne foi est effacée depuis long-temps du code politique de ses ennemis? A peine a-t-il mis le pied sur leur navire, qu'au mépris de la capitulation, au mépris des plus religieux sermens, il en est violemment arraché pour passer par les formes expéditives d'une justice imaginaire, et tomber entre les mains du bourreau : cruelle attente, angoisse horrible que va dissiper la bataille de Marengo. Hélas! son libérateur sera réduit un jour à réclamer aussi les droits de l'hospitalité, indignement violés à son égard; mais personne ne s'armera pour sa délivrance, et un rocher l'attend, debout au milieu de l'Océan, comme pour témoigner à tout jamais de la perfidie du plus généreux de ses ennemis! [20]

Bonaparte triomphe, la face des affaires change, Annibal échappe à la mort; et, tandis que les autres victimes de l'arbitraire, promises au glaive de la vengeance, remercient le ciel d'être simplement transportées dans les fosses de la Sicile, il maudit son mérite qui lui vaut le triste privilège d'être jeté seul dans l'île de la Favignana, reléguée au loin dans la mer. L'apôtre de la liberté ne devait donc jamais en jouir! triste et pensif, accablé de souffrance, et glacé par la froide humidité d'un cachot taillé dans le roc, il languissait depuis un an, portant avec lui le mal qui le dévorait, l'ennui, cette fièvre lente qui nous brûle sans nous consumer, lorsque la mise en liberté de tous les détenus politiques [21] et la restitution des biens confisqués fut ordonnée par le conquérant de l'Italie, grand homme, qui n'avait pas encore oublié que la clémence est la plus belle prérogative de la victoire!

Annibal est encore une fois rendu à la lumière, quel ravissement, quel délire de se sentir libre sous la voûte d'un ciel pur, lorsque l'on est resté sept ans entiers étouffé sous le poids d'une bastille, on renaît à la vie, le cœur se dilate, et semble craindre de ne pas jouir assez pleinement de son bonheur! Mais lorsque l'on retrouve un frère, compagnon d'infortune et de danger, un frère avec lequel on s'est débattu sous la serre cruelle du despotisme, alors avec quel entraînement, avec quel battement de cœur ne se précipite-t-on pas dans les bras l'un de l'autre! Des larmes délicieuses coulent de nos yeux, l'attendrissement nous accable, l'amitié nous enivre, et nous restons enchaînés au sol, pressés l'un contre l'autre, l'œil fixe, la poitrine haletante, immobiles et étourdis de plaisir.

Après la première effusion de tendresse, la crainte de ne pas voir un terme à leurs maux dans un pays qui n'est peuplé pour eux que de souvenirs amers, vint arracher les deux frères à leurs embrassemens. Ils songent alors à quitter une terre ingrate, et obtiennent un passe-port pour Venise. Mais la vengeance marchait avec eux, et quatre sbires déguisés tentent de les enlever pendant le voyage. L'intrépidité triomphe du nombre, les brigans sont mis en fuite, et les deux frères retournent à Bari, trop certains maintenant qu'une haine puissante s'est attachée à eux pour jamais et ne lâchera prise qu'après s'être assouvie. [22] Carra Saint Cyr y commandait au nom de la France : ce général les reçoit avec toute la bienveillance, tous les égards dus au mérite persécuté, et les engage même à s'éloigner au plus vite pour leur sûreté personnelle. Un léger esquif les attend au port : peut-être espèrent-ils qu'en changeant d'élément, ils échapperont au moins à la poursuite acharnée du sort; mais ils avaient compté sans le ciel. Ils sont à peine à la hauteur de Porto di Fermo que l'horizon se charge de vapeurs ardentes, le vent s'élève avec violence, et triste jouet des vagues furieuses, le navire monte et redescend avec la rapidité de l'éclair. Peu après le ciel était pur, la mer calme, les débris d'un bateau voguaient sur l'abîme, et deux infortunés durement étendus sur les stériles rochers de la plage, suivaient d'un œil triste et mourant la dernière espérance de leur salut qui s'en allait au loin poussée par les flots. Privés de tout, sans asile, il faut prendre un parti : ils vont trouver le commandant d'Ancône qui leur donne un sauf-conduit, et presque nus, à pied, sans ressources, ils se dirigent vers la France, avec la consolante pensée d'être plus tranquilles sous le ciel de leur nouvelle patrie. Marchez, vertueux pèlerins, marchez avec courage ; vous êtes dignes de porter la besace de Bélisaire, et son obole ne vous manquera pas. Marchez, le bâton de la pauvreté n'a rien de déshonorant pour vos mains ; et vos persécuteurs, [23] aujourd'hui si fiers et si vains de leur puissance éphémère, seront un jour réduits à vous envier la paix de vos derniers jours ! marchez le front haut, car le malheur a sa dignité !

Annibal touche enfin la terre de l'exil ; [24] il ne craint plus rien dans la patrie de Latouche-Tréville ; il foule en paix le rivage où l'amiral a mis à la voile ; il se rappelle et la fête qu'il lui a donnée, et la triste influence de cette fête sur sa vie toute entière ; jette une dernière fois ses regards en arrière, puis les ramène sur l'avenir, et croit encore au bonheur dans le pays de la liberté.

Au moment même où il entrait à Marseille, l'armée d'Egypte débarquait sur les côtes de la Méditerrannée. Vous eussiez vu des hommes de toutes les nations, des marchands de tous les pays descendre en foule sur la rive pour recueillir les débris de ces courageux soldats. Ce mélange de costumes et de langages donnait à la ville l'aspect le plus animé. On eût dit une cité cosmopolite. Hélas ! dans cette victorieuse armée d'Orient, au milieu de ces illustres guerriers, que quarante siècles avaient contemplés du haut des Pyramides, [25] il y en avait un bien cher à mon cœur, il y en avait un que je pleure encore et que je pleurerai toujours. Enlevé, comme Jourdan, à des travaux trop courts, vertueux comme lui, et comme lui regretté de tous ses amis, il est venu s'éteindre jeune encore entre les bras d'une femme inconsolable, qui serait morte frappée du même coup, si les caresses d'un fils en bas âge ne l'eussent rappelée à la vie, comme pour lui reprocher tendrement de l'abandonner dans un monde où il avait tant besoin d'elle ! Oh ! Permettez-lui de consacrer quelques regrets à la mémoire de son père, permettez-moi de mêler d'autres larmes à celles que nous répandons sur cette tombe. Si ces tristes paroles parviennent jusqu'à Jourdan, il ne peut être jaloux du sentiment qui m'inspire ; cet hommage d'amour filial doit le réjouir dans les cieux !

Annibal ne résista pas au désir de saluer aussi les héros de cette glorieuse croisade ; mais lui ne peut leur offrir que des vœux, il n'a pas une pierre où reposer sa tête. Parmi eux se trouvait un de ses anciens élèves, un médecin échappé aux sables du désert et au fléau de Jaffa, un de ces anges consolateurs qui marchent à la suite des armées pour disputer à la mort sur les champs de bataille les restes des malheureuses victimes de l'ambition. Il reconnaît son maître, pâle et flétri par la misère, sous ses vêtemens déchirés; il court à lui, l'embrasse, et lui offre les dons de la reconnaissance. Oh! que l'on est heureux de s'être fait de tels amis! que l'on est fier d'avoir formé de tels disciples! ce dévouement est si rare, ces consolations si douces dans un temps où tout le monde a l'amitié sur les lèvres quand personne ne l'a dans le cœur. Annibal accepte, et avec cet argent et quelques secours de son pays, il tente les modestes chances d'un petit commerce, [26] tandis que Michel, son frère, enseigne les langues anciennes et modernes. Si les événemens heureux nous trompent et nous séduisent, la sévérité du malheur nous rend timides et craintifs. Aussi ne se livre-t-il pas aux caprices d'un hasard aveugle : peu confiant dans ses entreprises, il ne prend conseil que de son expérience; il l'a payée assez cher par huit ans d'infortune. Il descend dans tous les détails du marchand, il sait que rien ne déshonore l'homme de bien, qu'il ennoblit lui-même les fonctions qu'il exerce, et que la probité dans un comptoir est préférable à l'intrigue dans un palais!

Mais le commerce n'était point la vocation du savant. Presque tous les hommes sont nés avec un instinct qui les domine. C'est une enigme de la nature, que l'on ne peut expliquer, mais elle n'existe pas moins. Annibal revient donc à ses études favorites; il se jette avec une nouvelle avidité sur ces sciences précieuses, auxquelles il doit ce jugement sain, ce goût des choses bonnes et vraies, si rare de nos jours, et surtout cette force morale qui nous est si nécessaire pour échapper aux épreuves de la vie. Il ne néglige aucune occasion de se rendre utile, et s'associant en 1803 aux citoyens Coni et Desmarets pour la levée du plan de Marseille, il se fait si avantageusement connaître que l'année suivante il passe au département des Hautes-Alpes, comme géomètre en second, pour la levée du cadastre par masses de culture. Les plans de son chef sont rejetés, les siens adoptés, et la place de Castillon lui est proposée. « A Dieu ne plaise que j'occupe jamais la place d'un homme vivant, » s'écria-t-il indigné. Parole sublime du chancelier d'Aguesseau, qui n'avait rien perdu de son parfum dans une bouche aussi vertueuse; refus noble et loyal qui prouve combien la délicatesse du géomètre avait été blessée d'une offre aussi peu généreuse! Que les intrigans traitent de sottise ou de fausse pudeur cet admirable désintéressement, qu'ils calomnient les vertus qu'ils sont dans l'impuissance de pratiquer ; Jourdan aime mieux être sot à leurs yeux que de s'élever par la bassesse et la lâcheté, il aime mieux être sot que de violer les saintes lois de l'amitié, et de s'enrichir des dépouilles d'un chef, en le trahissant avec tout le faste et toute l'ostentation de la fidélité ; il aime mieux être un sot qu'un infâme. Ce commerce continuel de mensonges, cette hypocrisie universelle par laquelle tant de fourbes insolens se travestissent en gens d'honneur, tout cet esprit d'imposture et de dissimulation ne convenait pas à sa vertu : Jourdan se contentait d'être honnête homme.

Après ce refus, il partit pour Paris avec les plus honorables recommandations du préfet de Gap, [27] et obtint en 1806 la place nouvellement créée de géomètre en chef au département de Gênes. L'Italie conservait encore le vieil usage du cens romain sous le nom de *censimenti*. Annibal fit quelques heureuses innovations dans le pays soumis à son administration. Ses vues supérieures et son intégrité le firent nommer, en février 1809, ingénieur-vérificateur au département de l'Aube. Ici, Messieurs, je m'arrête ; ma tâche devient trop difficile. Et comment vous peindre dignement celui dont le plus bel éloge est dans votre cœur ? Il faudrait un orateur doué de cette puissante magie de la parole qui a tant d'empire sur les ames, et les remue à son gré, pour vous montrer, dans le doux repos d'une condition privée, l'homme simple et bon, se dépouillant de tout l'attirail de la science et se renfermant dans la société intime de quelques amis choisis, vrai dans ses discours, sincère dans ses actions, rigide dans ses devoirs, et ne croyant pas à ses vertus, ce qui est la vraie modestie. En posant le pied sur le sol sacré de la France, il avait juré de se consacrer tout entier au service de sa patrie adoptive ; a-t-il tenu parole ? Je vous le demande à vous tous, qui avez pu apprécier les qualités qu'il a déployées sous vos yeux. Les propriétaires ont-ils jamais eu à se plaindre de son équité ? Non, certes : il avait contribué à asseoir le cadastre sur les bases d'une éternelle justice. Loin de blesser leurs intérêts, il excitait leur émulation. Jamais d'inégalités, jamais de faveur qui eussent amené le discrédit et l'abandon des fonds, et par suite causé les murmures, le découragement et l'effroi du peuple qui ne paie l'impôt qu'à regret. Il savait trop combien chaque gouvernement a besoin de l'assentiment de ceux qu'il dirige. Les cultivateurs ont-ils jamais élevé la voix contre lui ? Non ; il les protégeait, il les encourageait ; leurs droits étaient sacrés pour lui. Jamais ils n'ont eu de plus ardent défenseur dans les conseils municipaux : c'est qu'il savait que l'agriculture est la mère des hommes, le premier et le plus utile de tous les arts ; que tout dépend et résulte de la richesse du sol ; qu'elle fait la force intérieure des états, et que, secondée par l'industrie, elle attire les trésors des nations étrangères. Toujours occupé de la prospérité du département, il recherchait sans relâche et indiquait aux autorités locales les moyens les plus sûrs pour faciliter les communications. Les esprits sont comme les corps, ils ont besoin de se frotter pour se polir : sans chemins, point de civilisation, le peuple reste isolé et par conséquent barbare. Les routes seules répandent le mouvement et la vie ; seules elles doublent la puissance, le bien-être et l'instruction des campagnes. Enfin son infatigable activité suffisait à tout ; encore ne pouvait-on pas la regarder comme l'inquiétude d'un homme qui cherche à se fuir par le mouvement qu'il se donne : on en voyait trop les principes honorables pour lui et les effets avantageux pour les autres.

Ardent propagateur de l'enseignement populaire, il fut à Troyes ce qu'il avait été à Naples, le patron de l'enfance. Il ne quittait pas les écoles d'adultes, il en avait un soin tout particulier ; il allait, interrogeant les élèves et aidant les maîtres de son pouvoir ; il descendait de la haute sphère de son intelligence, pour se mettre à la portée de cet âge intéressant qui promet une génération à la patrie, et la dernière classe du peuple surtout excitait en lui le plus vif intérêt : c'est qu'il n'avait pas oublié la douce récompense de ses travaux, le souvenir de Marseille l'avait bien payé de toutes ses peines ! Et vous, pauvres orphelins, qu'il arracha aux extrémités pressantes de la misère et peut-être à la mort, vous à qui sa puissante coopération fit ouvrir des salles d'asile, dont il s'est toujours montré un des plus dévoués protecteurs, vous dont il était la providence visible, levez vos innocentes mains vers les hommes généreux qui honorent aujourd'hui sa mémoire ; remerciez-les d'avoir réclamé la reconnaissance publique pour votre protecteur. C'est une grande et louable pensée d'avoir voulu que le respect et la vénération qui sont dus aux bienfaiteurs d'un pays, ne s'arrêtent plus à ses frontières, et obtiennent une popularité plus profitable aux mœurs. Remerciez-les d'avoir ouvert cette route, en désignant à notre amour un citoyen éclairé, bienfaisant et utile ; et ils ne pouvaient mieux faire que de commencer par Jourdan.

Jourdan, nom cher et sacré, nom vénérable à jamais dans le département de l'Aube ! C'est celui sous lequel vous l'avez tous connu à Troyes, celui sous lequel vous l'avez tant estimé, celui qu'il a honoré de ses vertus parmi vous, enfin celui qui a été consacré par le roi de France! Car, le 17 janvier 1815, le chancelier d'Ambray [28] lui envoyait des lettres de naturalisation qui font honneur au prince qui les a données et à l'ingénieur qui les a méritées « par ses hautes connaissances en mathématiques, « et sa conduite non moins recommandable que ses talens. » [29]

Giordano de Ottojano avait donc laissé ses titres en Italie : au lieu d'exhumer le vieux souvenir de ses aïeux, au lieu de vouloir exister par ce qui n'est plus, folie si commune à ceux qui n'ont que la noblesse du sang, il prenait la naissance pour ce qu'elle valait. Ses convictions étaient un sûr garant contre l'orgueil d'une antique famille. Jaloux d'être libre, il ne voulait d'autre état que celui de savant, d'autre gloire que celle de se rendre utile. Après avoir facilité le calcul en le généralisant, dans un livre d'algèbre élémentaire; après avoir enseigné l'art de substituer un signe abrégé à des combinaisons nombreuses, et d'opérer sur les quantités inconnues comme si elles ne l'étaient pas, il fit un traité des logarithmes complet, un autre de géodésie auquel la mort l'empêcha de mettre la dernière main, et résolut différens problèmes très-ingénieux, dont son frère Michel se propose d'enrichir le vaste domaine des connaissances humaines. Il eût voulu qu'on n'employât la science, cet outil de si merveilleux service, [30] qu'à dessécher des marais, tracer des chemins, diriger des rivières, et qu'on ne forçât jamais la nature à obéir que dans l'intérêt général. Géomètre supérieur, académicien zélé, habile administrateur, tournant tous ses efforts vers le but le plus noble, l'instruction et l'amélioration de ses semblables; ne daignant pas appeler la fortune et même la dédaignant quand elle venait à lui; retranchant aux besoins pour donner aux bienfaits, ses avis étaient toujours sages et désintéressés. Ses plans étaient-ils rejetés au conseil, [31] il suggérait ses idées à ses adversaires, et laissait croire à leur amour-propre que son sentiment était le leur, que ses opinions, mûries dans le silence de l'étude, étaient le fruit de leurs inspirations spontanées; et, sans ce louable artifice, peut-être n'aurait-il pas réussi à faire prévaloir le beau, le bon, le juste, le vrai. Lui opposait-on la modicité des ressources, il tranchait le nœud en comblant la différence; enfin il n'avait rien à lui, et, si l'on n'eût pris soin de sa fortune, il serait mort comme un vieux Romain, sans laisser de quoi subvenir aux frais de ses funérailles.

Faut-il donc qu'il nous ait été enlevé si rapidement! Faut-il qu'il ait été frappé comme d'un coup de foudre, lorsqu'il aurait pu remplir encore une longue carrière! Eh quoi! ce n'était pas assez de languir dans la fatale tour dell' Uovo, de se soustraire à la fureur des flots pour être repris et replongé dans le château des Abruzzes ; ce n'était pas assez d'échapper à une mort ignominieuse pour retomber dans les fosses de la Sicile, de se mesurer avec quatre brigands, d'échouer sur les côtes de Porto, et de se traîner jusqu'à Marseille errant et fugitif, sans demeure et sans pain! il a fallu encore qu'il vînt expirer au milieu de ses travaux! mais du moins ce fut entre les bras de ses amis! [32] Ah! si le ciel eût prolongé ses jours, combien de familles indigentes n'eût-il pas encore secourues! Combien de fois n'eût-il pas mis en œuvre les préceptes qu'il avait si durement appris à l'école de l'adversité! [33] Loin de lui ces libéralités éclatantes qui ne flattent qu'une étroite vanité; loin de lui cette avare pitié qui semble insulter à la pauvreté, plutôt que la soulager. Le voyez-vous suivi d'un glorieux cortége d'infortunés qui pleurent autour de lui? Le voyez-vous, touché de leurs maux, voler à leur chaumière pour la rétablir, si elle est détruite; pour y ramener l'abondance, si l'impérieux besoin s'y fait sentir? Il devine l'instant où sa présence est nécessaire, et arrive aussitôt que le malheur, pour en effacer les traces. Je t'en prends à témoin, [34] toi qui, les membres engourdis par les rigueurs d'un froid excessif, gisais sur ton lit de neige, immobile et glacé, sans avoir la force de mourir! Lève-toi, renais à la vie, Lazare enseveli sous la neige; lève-toi, Jourdan te l'ordonne. Plus généreux même que saint Martin, il n'est point charitable à demi; il se dépouille de son manteau pour te le jeter sur les épaules, et retourne à la ville demi-nu, mais couvert de sa probité. Permis à vous de rire, égoïstes au cœur vide et desséché, sybarites ingrats dont un pli de rose trouble le sommeil; permis à vous de rire! Annibal n'ignore pas que le ridicule est souvent le salaire d'une belle action; mais sa récompense est dans son bienfait, il a fait un heureux et sent aux douces émotions qui le pénètrent qu'il y a dans la vie des momens d'attendrissement qui rachètent bien vingt années de peines!

Hélas! jamais sage ne mérita mieux notre estime; jamais savant ne fut plus digne de notre admiration. Nulle part les traits de la nature ne se montrèrent plus dégagés que chez lui de tous ces vils ornemens qui gênent la vertu, et n'ont été inventés que pour cacher les difformités du vice. Cette candeur si simple et si nue, cette bonne foi de caractère qui n'agit que d'après les choses sans consulter les conventions, cette modestie si éloignée du désir éternel de se mettre en jeu, cette urbanité franche et naïve, cette politesse du cœur si rare et si différente de la vaine politesse du monde qui couvre souvent tant de barbarie, cette vigueur de raison qui découvre la vérité dans les nuages, et cette rigidité de principes si noble, si désintéressée, qui marche droit au but à travers les dignités qu'on sème sur son chemin, sans daigner se baisser pour les prendre ; toutes ces qualités, dont chacune suffirait à l'éloge d'un homme, étaient rassemblées dans le cœur de Jourdan. Passionné pour l'étude et indifférent pour la gloire, louant ses rivaux et se vengeant dignement de ses ennemis, car il ne perdit aucune occasion de leur faire du bien ; attaché à ses opinions, tolérant, ami de la paix et du bien public, il fut bon frère, bon citoyen, d'une bienfaisance éclairée, d'un dévouement sans bornes, Troyen d'adoption et Français par le cœur. Je ne crains pas d'être démenti en disant que nul en amitié ne se montra plus constant, plus fidèle, et non seulement plus empressé à rendre service, mais plus délicat dans sa manière d'obliger et moins exigeant en fait de reconnaissance. C'est que l'égoïsme contagieux du monde n'avait pas altéré la sensibilité de son cœur ; c'est que le commerce des livres avait effacé chez lui les funestes impressions du commerce des hommes. Vous le savez, messieurs, vous qui avez joui des douceurs de son intimité, vous qui avez alimenté le feu sacré de ses talens par la sincérité de vos hommages, vous qui n'avez éprouvé près de lui d'autre besoin que celui de l'aimer, d'autre crainte que celle de ne pas l'aimer assez. Pour moi, qui n'ai jamais entendu le son de sa voix ; pour moi, qui n'ai pas eu le bonheur de toucher les bords du manteau de cet homme juste, je ne connais pas de spectacle plus beau, plus touchant que la majestueuse tranquillité d'un sage, qui, luttant toute sa vie corps à corps avec le malheur, obligé de changer de nom et de patrie, marche d'un pas égal et ferme sous l'œil de Dieu qui le guide et de la liberté dont il fut toujours l'héroïque martyr.

Prosternons-nous tous, messieurs, sur cette terre qui couvre les restes d'un homme de bien. Si Jourdan conserve encore quelques ennemis, qu'ils viennent prier avec nous ; la mort a terminé les querelles de la vie, la réconciliation doit se faire sur les tombeaux. Pleurons l'homme courageux qui fatigua l'adversité par sa résignation ; pleurons-le tous, ou plutôt ne déshonorons pas sa cendre par une lâche douleur. Imitons ce grand-prêtre à qui l'on vint annoncer, au milieu d'un sacrifice, la perte de son fils ; il avait une couronne de fleurs sur la tête, et il la posa sur l'autel. Mais lorsqu'on lui dit que son fils était mort au champ d'honneur, en défendant sa patrie, alors il remit la couronne sur sa tête et continua d'offrir de l'encens à la divinité. Remettons nos couronnes sur nos têtes, messieurs, et rendons grâces au ciel d'avoir laissé mourir Jourdan comme il avait vécu, en remplissant ses devoirs; rendons grâces à Dieu de l'avoir endormi sur sa chaise curule, et comme enseveli dans ses nobles travaux !

Pardonne, ombre immortelle, si quelque chose de la poussière terrestre peut encore monter jusqu'à toi; pardonne des louanges inutiles à ta gloire. Mais si j'ai le bonheur d'avoir dignement retracé tes vertus, je n'oublierai jamais que j'ai eu plus de bonne foi que de talent, plus de sincérité que d'éloquence, et j'irai religieusement déposer ma palme sur ta tombe, comme le plus bel hommage de ma reconnaissance et de ma vénération.

NOTES.

1 Cet homme est Michel-Ange, *Michel Agnolo Buonarotti il Vecchio*, à la fois architecte, peintre, sculpteur et poète. Tout le monde connaît son magnifique tableau du jugement dernier dans l'église de Saint-Pierre de Rome.

2 Justum ac tenacem propositi virum,
Non vultus instantis tyranni
Mente quatit solidâ...
Si fractus illabatur orbis,
Impavidum ferient ruinæ. HORACE.

3 Plenæque sororibus urnæ. JUVÉNAL.

4 Saint Bazile.

5 La réputation de cette école, fondée au ixe siècle par les Bénédictins, commença par la traduction, que firent les moines, des livres des Arabes sur la médecine. La merveilleuse guérison de Robert, fils de Guillaume le Conquérant, vainement tentée par les chirurgiens les plus habiles, à son retour des croisades, et celle de plusieurs autres belliqueux pèlerins, que la politique du temps envoyait mourir en Orient, sous prétexte de conquérir le tombeau de Dieu, ne firent que l'accroître en Europe. C'est alors que *Jean de Mayland*, chef de l'école, fit composer en vers léonins ces règles diététiques, si souvent traduites en français, en vers et en prose. Parmi les médecins de l'école sont Gariopontus, et Cophon, l'un des premiers qui fit étudier l'anatomie sur les animaux; Nicolas Præpositus, qui fit un traité des antidotes, au xiie siècle; Romuald, évêque de Salerne, et le fameux Ægidius, le même que Gilles de Corbeil, près Paris, auteur de plusieurs ouvrages et par suite médecin de Philippe-Auguste, roi de France. L'empereur Frédéric II donna de sages réglemens et une organisation complète à l'école de Salerne; Conrad IV la favorisa aux dépens de celle de Naples, et, quoique un peu déchue de son antique splendeur, c'est encore une des meilleures écoles de médecine au xixe siècle.

6 Mot charmant de sainte Thérèse, qui a fait fortune dans la bouche du vieux Montaigne.

7 Octavien Colecchi, savant dominicain de Naples, prédicateur très-renommé, bon mathématicien, professeur de calcul sublime à l'école polytechnique de la Nunziatella, membre du jury d'instruction publique, associé de l'académie de Pontaniana, publia une thèse *su le forze vive*, question chaudement discutée par Ricati et Leibnitz. Ses derniers ouvrages sont *Trattato di calcolo differenziale ed integrale, secondo gli ultimi methodi di Lagrange; Trattato di analisi applicata alle tre dimensioni*; etc. Ce champion de l'analyse joûta rudement avec Nicolas Fergola. Il déploya beaucoup de talent dans cette polémique, où Fergola défendit la synthèse avec un grand succès. Ce dernier nous a laissé une foule de thèses scientifiques; il a en outre commenté plusieurs ouvrages de Newton : mais son meilleur ouvrage fut sans contredit *Giordano*.

8 Thalès de Milet, qui mesura la hauteur des pyramides et transporta la géométrie de l'Egypte en Grèce.

9 Pythagore, qui sacrifia de joie cent bœufs aux Muses, pour avoir trouvé le carré de l'hypothénuse.

10 Tout le monde connait les propositions d'Euclide et l'école d'Alexandrie.

11 Platon avait écrit sur la porte de son école : « Qu'aucun ignorant en géométrie » n'entre ici. » Ce serait le plus bel éloge de la science, si ce philosophe n'avait appelé Dieu « l'éternel géomètre, » éloge bien plus magnifique encore, et digne de la science sans être indigne de l'être suprême.

12 Acton était alors premier ministre de Ferdinand Ier. Parti très-jeune de la France, et admis au service du grand-duc en Toscane, il avait obtenu le commandement d'une frégate, lorsque dans une expédition contre les barbaresques, il sauva par sa présence d'esprit les vaisseaux toscans et ceux de Charles III, roi d'Espagne, réduits aux dernières extrémités. Tel fut le commencement de sa fortune. Le roi de Naples lui offrit du service avec le consentement du grand-duc, qui l'accorda d'autant plus volontiers qu'il regardait Acton comme un intrigant aussi habile que dangereux. Il captive alors la faveur du roi, et surtout celle de la reine, en lui rendant l'entrée au conseil dont l'avait exclue l'ancien ministre Tanucci, et devient ministre de la marine. Bientôt il joint à ce ministère celui de la guerre, fait nommer ses créatures aux finances, et gouverne avec la violente Marie-Caroline, tandis que le faible roi s'occupe des soins de la pêche.

13 On lui offrit un ministère et il n'accepta pas.

14 C'est en décembre 1794 que l'amiral entra dans le port, sans craindre quatre cents pièces de canon en batterie pour le repousser, et envoya Belleville, sous l'uniforme d'un simple grenadier, porter au roi cette lettre si remarquable par sa fermeté, où il menace « de ne suspendre la destruction et la mort qu'après avoir fait de Naples » un monceau de ruines. »

15 Tel était le nom donné à ces hommes, que l'on croyait si affreux!

16 Français de naissance et fils d'un médecin, Acton trouvait la profession de son père si basse, qu'il se fit appeler Hecton, se prétendant Anglais et fils d'un baronnet d'Irlande. Je n'ai pas besoin de rappeler son intimité avec le ministre d'Angleterre, Hamilton; leurs intérêts communs contre la France sont assez connus.

17 Ces faits, parfaitement exacts, ont été indignement travestis par la malveillance et la calomnie.

18 Philibert de l'Orme, architecte et aumônier d'Henri II, passe pour le premier qui ait écrit sur le trait de la coupe des pierres, dans le traité qu'il publia en 1567. Après lui vinrent Mathurin Jousse, Larue, et surtout Frezier, ingénieur en chef à Landaw, qui fit en trois volumes in-4.º un traité de stéréotomie remarquable, mais trop chargé d'étymologies grecques.

¹⁹ Au mois de janvier 1800.

²⁰ Comme il les appelle dans sa lettre : « Je viens me livrer au plus implacable comme au plus généreux de mes ennemis, et, semblable à Thémistocle, m'asseoir aux » foyers britanniques. » Il lui arriva à bord du Northumberland ce qui est arrivé à don Giordano.

²¹ En juillet 1801. Cette date est importante pour repousser toute espèce de récit contraire à ce qui précède, et dont certains sont aussi évidemment mensongers que bassement perfides.

²² Non missura cutem, nisi plena cruoris, hirudo.

²³ Une des conditions de la paix qui suivit la défaite du général Mack, fut le renvoi d'Acton, et ce misérable se retira en Sicile, où il traîna jusqu'en 1808, dans la bassesse et le mépris, une existence déshonorée. Quant à la reine, sa présence inquiétait toujours les Anglais, son éloignement put seul les rassurer ; le malheureux roi fut enfin obligé de consentir à cette séparation, et Marie-Caroline, que son époux ne devait plus revoir, quitta la Sicile à la fin de décembre 1811 : triste punition de leur tyrannie !

²⁴ En janvier 1802.

²⁵ Parole mémorable qui valut une victoire.

²⁶ Épicerie.

²⁷ C'était le baron Ladoucette.

²⁸ Sous le règne de Louis XVIII.

²⁹ Texte des lettres de déclaration de naturalité.

³⁰ Comme dit le bon et naïf Montaigne.

³¹ Lors de la discussion au conseil municipal pour la construction d'une halle, ses idées furent combattues et il ne les fit adopter que par son adresse. Son dévouement était tel qu'il offrit des fonds pour construire un édifice aussi utile à la ville de Troyes.

³² Il est mort sur son fauteuil, au conseil municipal.

³³ Non ignara mali, miseris succurrere disco.

³⁴ Personne n'ignore le trait sublime de Jourdan, se dépouillant de son pantalon pour le donner à un misérable prêt à mourir de froid.

FIN.